RICHE MOBILIER

ET

OBJETS D'ART

GARNISSANT L'APPARTEMENT

De Mlle C. L***

VENTE

16, RUE HALÉVY, 16

Les Mardi 28, Mercredi 29 et Jeudi 30 Mars 1876

EXPOSITIONS

PARTICULIÈRE : LE SAMEDI 25 MARS 1876
PUBLIQUE : LES DIMANCHE 26 ET LUNDI 27 MARS 1876 .

COMMISSAIRE-PRISEUR,	EXPERT.
Me CHARLES PILLET,	M. CHARLES MANNHEIM,
10, rue de la Grange-Batelière.	7, rue Saint-Georges.

CATALOGUE

DU

RICHE MOBILIER

ET DES

OBJETS D'ART

BEAUX GROUPES ET FIGURINES EN ANCIENNE PORCELAINE DE SAXE ;

Porcelaines de Sèvres, de Saxe, de Capo di Monte et de Chine;

Orfévrerie ; Émaux cloisonnés ;

BEAUX BRONZES D'AMEUBLEMENT de style Louis XVI ;

Belle Garniture de cheminée ornée d'un buste et de figures en marbre blanc ;

Beaux Meubles de salons, de salle à manger et de chambre à coucher;

Beaux Rideaux et Tentures en lampas, en satin bleu clair, etc.

GARNISSANT L'APPARTEMENT

De Mlle C. L***

ET DONT LA VENTE AURA LIEU

EN SON DOMICILE

16, RUE HALÉVY, 16

Les Mardi 28, Mercredi 29 et Jeudi 30 Mars 1876,

A DEUX HEURES.

Par le ministère de M° **CHARLES PILLET**, Commissaire-Priseur,
10, rue de la Grange-Batelière,

Assisté de **M. CHARLES MANNHEIM**, Expert, 7, rue Saint-Georges,

Chez lesquels se trouve le présent catalogue.

EXPOSITIONS :
{ PARTICULIÈRE : le Samedi 25 Mars 1876,
PUBLIQUE : les Dimanche 26 et Lundi 27 Mars 1876,
DE UNE HEURE A CINQ HEURES.

CONDITIONS DE LA VENTE

———

Elle sera faite au comptant.

Les acquéreurs payeront, en sus des adjudications, *cinq pour cent* applicables aux frais.

L'exposition mettant le public à même de se rendre compte de l'état des objets, il ne sera admis aucune réclamation une fois l'adjudication prononcée.

Paris. — Imp. PILLET FILS AÎNÉ, rue des Grands-Augustins, 5.

DÉSIGNATION DES OBJETS

ANTICHAMBRE

1 — Grande pendule et son socle-support en vernis de Martin, décorée de sujets de chasse et de fleurs sur fond rosé, et garnie de bronzes rocaille. Époque Louis XV.

2 — Lanterne en bronze oxydé disposée pour le gaz.

3-5 — Trois grands plats ronds en faïence de Castelli à sujets guerriers au centre et trophées d'armes au marly. Cadres en bois noir et filets d'or. Ils seront vendus séparément.

6 — Huit portières en reps rouge à bandes d'ornements se détachant en couleurs sur fond jaune d'or. Elles sont accompagnées de leurs embrasses et de leurs patères, en bois sculpté et peint.

7 — Deux petites chaises chauffeuses en bois peint et doré, couvertes de drap rouge, à rosaces brodées et soutachées, de travail oriental.

8 — Chaise de même style, mais à dossier plus élevé, garnie d'anciennes broderies persanes.

9 — Porte-parapluies formant porte-manteaux en bois noir.

10 — Meuble en bois noir sculpté formant bureau et enveloppe de coffre-fort.

11 — Tapis en moquette, genre Smyrne, à rosaces.

SALLE A MANGER

12 — Grand et beau buffet en bois noir sculpté à figures, mufles de lion et ornements, et enrichi de moulures en bronze doré. Le bas à portes pleines et à côtés cintrés, également fermés par des portes ; au-dessus est un rang de tiroirs orné de mufles de lion. Le corps supérieur, ornés de colonnettes détachées, forme vitrine, et ses côtés des étagères d'angles. Le fronton est cintré et découpé.

13 — Buffet-étagère de même style. Le corps inférieur sert d'enveloppe à un poêle en faïence.

14 — Deux tables-étagères de même style et de même travail que les meubles qui précèdent.

15 — Autre petite table-étagère de même style.

16 — Table à manger à rallonges et à un seul pied, à quatre consoles, de même travail que les meubles qui précèdent.

17 — Dix chaises en bois noir sculpté, couvertes en tapisseries d'Aubusson à groupes de fruits et ornements sur fond havane.

18 — Quatre tabourets de pied de même travail.

19 — Dix rideaux de croisées ou portières avec lambrequins ornés de bandes de tapisserie d'Aubusson à branches de fruits.

20 — Six panneaux en tapisserie d'Aubusson, décorés de groupes de fruits se détachant en couleurs sur fond havane.

21 — Suspension de salle à manger en bronze oxydé en partie, de forme allongée, avec lampe au centre et à dix-huit branches porte-lumières.

22 — Deux lampes en faïence décorées par **Ulysse de Blois** et montées en bronze oxydé.

23 — Deux flambeaux en cuivre poli de style italien : satyre debout sur un plateau rond.

24 — Très-beau tapis de table brodé. Travail persan.

25 — Tapis en moquette, genre Smyrne, à rosaces.

PORCELAINES & FAIENCES

26 — Deux jolis compotiers à pans en vieux Japon, à décor
d'ornements et vase de fleurs en bleu, rouge et or, et
à rosaces découpées au bord.

27 — Plat rond en ancienne porcelaine du Japon, à décor
de fleurs, vase et ornements en bleu, rouge et or.

28 — Plat rond en ancienne porcelaine de Chine, à décor
de fleurs et d'ornements en émaux de la famille rose.

29 — Plat rond en porcelaine du Japon, à décor en bleu,
rouge et or.

30 — Deux assiettes en ancienne porcelaine de Chine, à
décor de fleurs et oiseaux en émaux de la famille
verte.

31 — Deux petits plats de même porcelaine et de décor
analogue.

32 — Compotier de même porcelaine, décoré d'une rosace
et d'arbustes en émaux de la famille verte.

33 — Compotier en porcelaine de Venise, décoré de fleurs
de style chinois en bleu, rouge et or.

34 — Plat rond en faïence de Rhodes, décoré de fleurs et
d'ornements émaillés.

35 — Deux petits groupes, en faïence de Delft : vaches debout et paysans.

36 — Deux vases de forme ovoïde à deux anses serpents enroulés et mascarons, en faïence italienne, décorés de grotesques sur fond blanc.

37 — Broc en faïence décoré par Ulysse de Blois. Il porte le buste de Henri IV ainsi que les armes de France et de Navarre. Son couvercle en étain est surmonté d'une fleur de lis.

ORFÉVRERIE

38 — Deux bouts de table, montés sur des pieds élevés en argent repoussé, ciselé et doré à nœuds composés de figures et à galeries ornées de rinceaux, de médaillons et de cariatides découpés à jour.

39 — Une paire de flambeaux en argent.

40 — Deux girandoles à deux lumières en argent guilloché et surmontées de figurines de nymphes dansant.

41 — Déjeuner solitaire en argent doré uni. Il se compose d'une tasse avec soucoupe, d'un plateau ovale, de quatre grandes pièces, d'une cuiller et d'une pince à sucre.

42 — Plateau rond et onze petits gobelets à liqueurs en
argent niellé et doré, décorés d'ornements et de médaillons de paysages. Travail russe.

43 — Belle garniture de bureau en argent gravé à orne-
nements, et enrichie de parties dorées. Elle se compose : d'un encrier ovale, d'un buvard, de deux flam
beaux, d'une coupe vide-poche, d'un coffre oblong,
d'un semainier, d'une boîte à allumettes et d'un cou-
teau à papier. Travail anglais.

44 — Petit coffret rectangulaire en argent doré en partie,
gravé à ornements et paysage sur fond guilloché. Travail russe.

45 — Belle soupière ovale en argent, à cordons de lauriers
ciselés et anses et anneau du couvercle formés de
branchages.

46 — Plateau arrondi à une de ses extrémités, en argent
uni. Travail russe.

47 — Six tasses avec soucoupes en argent uni. Elles sont
dorées à l'intérieur.

48 — Somawar ou fontaine à thé en argent. Travail russe.

49 — Petit poêlon avec couvercle et réchaud en argent.

50 — Corbeille ovale à pain, en argent uni, dorée à l'intérieur.

51 — Grande cafetière en argent.

52 — Dix-huit coupes à vin dont les pieds sont formés de têtes d'animaux, en argent finement ciselé, telles que : têtes de cerfs, de bouc, de lièvre, d'ours, etc. Travail russe. Ce lot sera divisé.

53 — Deux porte cure-dents en forme de vases supportés par des figurines d'amours, en argent ciselé.

54 — Porte cure-dents orné d'une cigogne sur plateau rond, en argent ciselé.

55 — Garniture de cheminée : pelle et pincettes.

56 — Deux paires de candélabres en bronze doré.

57 — Glace avec cadre en vieil argent.

GRAND SALON

58 — Pendule composée d'un buste de bacchante en marbre blanc, sculpté par A. Carrier, reposant sur un socle de style Louis XVI en bronze ciselé et doré au mat, qui contient le mouvement. Le cadran porte le nom de Denière, fabricant de bronzes à Paris.

59 — Deux beaux candélabres composés chacun d'une
figure d'enfant debout, couronné de roses, en marbre
blanc, sculpté par Math. Moreau, supportant six branches de laurier porte-lumières en bronze ciselé
et doré au mat, et reposant sur un socle cannelé
de style Louis XVI, aussi en bronze ciselé et doré
au mat.

60 — Galerie de cheminée en bronze, orné de deux cariatides de femmes, de deux amours, de festons de lauriers et d'ornements. Style Louis XVI.

61 — Porte-pelle formé d'entrelacs de fleurs, d'un ser-
pent et d'un plateau en bronze finement ciselé et doré
au mat. Il est accompagné d'une pelle et de pincettes
en acier bleui et doré avec boutons en bronze doré.

62 — Beau lustre style Louis XVI, à quarante-huit lumières, en bronze ciselé et doré au mat.

63 — Deux jolis bras-appliques de style Louis XVI, en
bronze ciselé et doré au mat, à huit branches porte-
lumières s'échappant de cassolettes, et enrichis de branches de laurier formant appliques.

64 — Deux flambeaux formés chacun d'une cariatide de
femme en bronze oxydé avec base et bobèche en bronze
doré.

65 — Beau meuble de salon de style Louis XVI, en bois
sculpté et doré, couvert de lampas à riche dessin à

médaillons d'amours, festons de fleurs et ornements, se détachant en blanc sur un fond groseille. Il se compose de deux canapés, deux causeuses, deux fauteuils, quatre chaises (avec dossiers formés de deux L enlacées) et quatre tabourets de pieds.

66 — Quatorze rideaux de croisées ou portières avec bonnes-grâces drapées de même étoffe que celle du meuble qui précède ; ils sont accompagnés de leurs galeries dorées, de patères en bronze et de leurs embrasses en passementerie.

67 — Deux beaux coussins richement brodés en soies de couleurs à fleurs et chiffre sur fond de gros de Naples blanc.

68 — Huit grands stores et huit rideaux de vitrage en mousseline brodée à rinceaux, fleurs et trophées de musique.

69 — Deux tabourets carrés en bois doré, couverts de drap noir richement brodé à fleurs en soies de couleurs et argent.

70 — Deux consoles d'angle de style Louis XVI en bois sculpté et doré à médaillons buste de femme, frise à rosaces, festons de lauriers et entre-jambes à vase et guirlandes de fleurs. Dessus de marbre portor.

71 — Meuble à hauteur d'appui en bois sculpté et doré, fermant à deux portes vitrées et à dessus de marbre portor. Style Louis XVI.

72 — Deux torchères en bois sculpté et doré, formées
chacune d'une figure d'enfant debout tenant un car-
quois et reposant sur un pied à trois consoles. Ces torchères supportent des candélabres en bronze à seize
branches porte-lumières.

73 — Deux tables à jouer de style Louis XVI, en bois
sculpté et doré.

74 — Deux glaces à biseaux avec cadres en bois sculpté et
doré, surmontés d'attributs de jardinage.

75 — Tapis genre Smyrne à rosaces.

PORCELAINES

76 — Vase en forme de balustre allongé en ancienne porcelaine de Chine, décoré d'une réception impériale
dans un paysage, en émaux de la famille verte.

77 — Deux cachepots avec plateaux en faïence de Marseille,
décorés de figures dans des paysages. Les anses sont
formées de groupes de fruits.

78 — Coupe ronde en porcelaine de Saxe à bords gaufrés
et décorée de figures dans des paysages. Elle est montée
sur un piédouche en bronze.

79 — Plat rond en ancienne porcelaine de Chine, décoré de fleurs et d'ornements en émaux de la famille
rose.

80 — Bol de même porcelaine, décoré de médaillons de paysages et portant divers écussons armoriés.

81 — Deux petites jardinières en faïence de Marseille, décorées de fleurs.

82 — Quatre assiettes en faïence de Marseille, décorées de figures et de fleurs.

83 — Verrière en porcelaine du duc d'Angoulême, décorée de fleurs et à bord rehaussé d'ornements émaillés bleu.

84 — Plat rond en ancienne porcelaine de Vienne, décoré de fleurs.

85 — Buire de forme orientale et son bassin rond en ancienne porcelaine de Vienne, décorés de fleurs et de riches ornements dorés.

86 — Corbeille ovale à deux anses et à ornements gaufrés, en ancienne porcelaine de Saxe, décorée de fleurs.

87 — Seau en vieux Sèvres, pâte tendre, décor dit *feuille de choux* à fleurs ; sur socle en bronze.

88 — Jardinière carrée à deux anses en ancienne porcelaine de Chine, décorée de médaillons de personnages sur fond à rosaces.

89 — Cabaret en ancienne porcelaine de Mayence, décoré
de jeux d'amours. Il se compose d'un plateau ovale,
d'une tasse avec soucoupe et de quatre grandes pièces.

90 — Très-grande tasse avec soucoupe en porcelaine tendre,
fond bleu turquoise rehaussé de dorure et d'émaux en
relief, et décorée d'un médaillon représentant Vénus et
des Amours.

91 — Tasse forme droite avec soucoupe en porcelaine de
Vienne, décorée de bandes bleu turquoise et bleu foncé
alternées, rehaussées d'ornements dorés.

92 — Tasse et plateau rond en vieux Sèvres, pâte tendre,
fond bleu turquoise et médaillons de fleurs.

93 — Six tasses de forme basse avec soucoupes, un sucrier
et une cafetière en vieux Saxe, à décor de fleurs de style
chinois.

94 — Six tasses hautes à deux anses et couvercle avec
soucoupes à galeries à jour, en porcelaine de Berlin,
décorées de sujets de chasse et de fleurs.

95 — Tasse haute à quatre lobes avec plateau, en ancienne
porcelaine de Chine, à branches de fleurs en haut-relief
décorées en couleurs.

96 — Tasse droite avec soucoupe en biscuit de Wedgwood,
à festons de lauriers, têtes de béliers et emblèmes divers
réservés en blanc sur fond noir.

97 — Cabaret en porcelaine de Naples à sujets mythologiques en relief, décorés en couleur et or. Il se compose de : six tasses hautes avec soucoupes, une théière et un sucrier.

98 — Grande tasse avec soucoupe de même porcelaine et de décor analogue.

99 — Écuelle avec plateau de même porcelaine et de décor analogue.

100 — Petit pot de forme surbaissée à couvercle, en ancienne porcelaine de Capo di Monte, à sujet mythologique en relief décoré en couleurs.

101 — Flacon à thé en vieux Chine, à décor de fleurs et d'ornements en émaux de la famille rose.

102 — Pot à crème reposant sur trois pieds bas, formés de branchages, en ancienne porcelaine de Saxe, décoré de fleurs.

103 — Petit vase et deux petites coupes, en ancienne porcelaine de Chine. Ces pièces ont reçu en Europe un décor dans le style de Watteau en camaïeu carmin. Montures en bronze doré.

104 — Grande tasse et soucoupe en vieux Saxe à décor de style chinois en couleurs et or.

105 — Tête-à-tête en ancienne porcelaine de Saxe, décoré
de médaillons de paysages avec figures, encadrés d'ornements d'or. Il se compose de deux tasses avec soucoupes et quatre grandes pièces.

106 — Deux figurines en vieux Saxe : marchands russes.

107 — Groupe de trois figures en porcelaine de Vienne :
la bonne mère.

108 — Deux grands vases en porcelaine de Saxe.

109 — Petit groupe de deux figures d'enfants en porcelaine de Berlin.

110 — Diverses tasses en porcelaine de Chine ou d'Allemagne.

DIVERS

111 — Trois chaînes anciennes en argent. Travail russe.

112 — Boîte en ivoire, contenant : bracelet, boucles
d'oreilles et broche en or. Travail chinois.

113 — Ivoire monté sur argent, représentant saint Pierre
et saint Paul.

114 — Petite boîte en ivoire sculpté. Travail ancien.

ÉMAUX CLOISONNÉS

115 — Deux jolies petites coupes rondes en ancien émail cloisonné de la Chine, décorées de fleurs arabesques sur fond bleu et à anses têtes chimériques en bronze doré.

116 — Deux coupes analogues à celles qui précèdent.

117 — Cassolette ou brûle-parfums de forme lenticulaire, sur pied élevé, en ancien émail cloisonné de la Chine, à fleurs et ornements sur fond bleu turquoise. Socle en bois sculpté.

118 — Petite coupe ronde en ancien émail cloisonné de la Chine, décorée de fleurs et d'oiseaux sur fond bleu à l'extérieur et de poissons et d'ornements sur fond blanc à l'intérieur.

119 — Petite coupe oblongue à quatre lobes en jade blanc, à deux anses, dragons pris dans la masse. Couvercle en bois de fer découpé à jour.

120 — Grand plat rond en émail cloisonné du Japon.

PETIT SALON

121 — Jardinière oblongue en onyx d'Algérie, montée à pieds de style chinois en bronze doré et enrichie de plaques en émail cloisonné de style oriental.

122 — Deux lampes placées dans des vases en porcelaine
de Ginori, à sujets de bacchanales en relief et montées
sur des pieds de style chinois en bronze doré.

123 — Galerie de cheminée formée de deux colonnes trian-
gulaires sur pieds à dragons en bronze doré; pelles et
pincettes.

124 — Petit lustre en bronze et cristaux à douze branches
porte-lumières à rinceaux.

125 — Deux flambeaux, formés chacun d'une figurine
d'enfant satyre debout en ivoire, montée sur pied en
bronze ciselé, doré et oxydé.

126 — Jardinière ronde à deux anses en émail cloisonné
ds style oriental et à rosaces réservées en bronze doré
et repercées à jour.

127 — Vase en forme de buire antique, en ancien bronze
de Chine à ornements en relief.

128 — Grande coupe ovale en agate d'Allemagne, montée
sur pieds en bronze de style chinois.

1 9 — Cabinet italien en bois noir, à moulures gui chéc
et colonnettes torses, enrichi de feuillages en bronze
doré et de fruits en agate et jaspe de diverses nuances.
Il repose sur une table à colonnes torses.

130 — Coffret de même style et de même travail que le
meuble qui précède.

131 — Petite table à jouer en marqueterie flamande à
vase et branches de fleurs.

132 — Petite table de forme contournée en bois sculpté
et doré, de style Louis XVI, sur pieds cannelés reliés
par un entre-jambes à vase.

133 — Petit bureau bonheur-du-jour de style Louis XVI,
en bois noir garni de bronze et enrichi de panneaux de
laque. Le dessus est en marbre portor.

134 — Petit vase en forme de cornet surbaissé en bronze,
sur pied en bois sculpté. Travail chinois.

135 — Table ronde à trois tablettes, en bois noir et à
dessus de marbre.

136 — Grand canapé ou divan couvert en soie havane
capitonnée.

137 — Deux grands fauteuils avec coussins couverts de
même étoffe.

138 — Deux chaises en bois doré couvertes en soie
havane.

139 — Tenture de la pièce, composée de draperies, de
deux rideaux de croisée, de deux portières, d'une ta-

blette, de rideaux de cheminée et d'un plafond capitonné avec lambrequins, le tout en soie havane.

140 — Deux chaises coin-de-feu en bois doré, couvertes en drap bleu richement brodé en soies de couleurs et argent à fleurs et rosaces.

141 — Deux coussins brodés portant les initiales et les emblèmes de Louis XII, de François Ier, d'Anne de Bretagne et de Claude.

142 — Jeu de quatre tables en bois laqué à fond rouge et décors d'or.

143 — Deux tabourets de pieds, en bois doré, couverts en drap rouge brodé.

144 — Tapis en moquette, genre Smyrne, à rosaces.

FAIENCES, PORCELAINES & DIVERS

145 — Deux jolies plaques rectangulaires en ancienne porcelaine de Capo di Monte, à sujets mythologiques en relief, décorés en couleurs et rehaussés d'or. Cadres à moulures en bois noir.

146 — Deux pièces de surtout en ancienne porcelaine de Saxe, composées de corbeilles à quatre lobes et de groupes de deux enfants reposant sur un tronc d'arbre.

147 — Compotier en ancienne faïence de Delft, à décor
de style chinois en bleu, rouge et or.

148 — Petit vase de forme ovoïde allongée, en ancienne
porcelaine de Chine, à médaillons de personnages sur
fond bleu, rehaussé de branches de pêcher gaufrées
en relief.

149 — Tonnelet en cristal de roche gravé à branches de
vigne et monté sur un pied formé de deux figurines en
argent ciselé et doré. Travail allemand moderne.

150 — Deux vases à couvercles et à deux anses en porcelaine de la Haye, décorés de médaillons de paysages et
de fleurs.

151 — Broc à couvercle, en porcelaine de Saxe, décoré
d'un médaillon de paysage.

152 — Coupe ronde en porcelaine de Saxe, à médaillons
de paysages, et montée à anses et piédouche en bronze.

153 — Beurrier ovale en faïence de Delft, rehaussé d'or.

154 — Petit vase de forme surbaissée de même faïence,
décoré de corbeilles de fleurs en rouge et or.

155 — Figurine en porcelaine de Saxe : jeune fille au coq.

156 — Tabatière ronde en émail de Saxe, décorée de paysages.

157-158 — Deux tabatières en porcelaine moderne de Saxe, décorées de médaillons de paysages et de marines.

159 — Cuvette oblongue, en ancienne porcelaine de Saxe gaufrée à vannerie et décorée de médaillons de paysages.

160 — Plateau à quatre lobes, en porcelaine d'Allemagne, à ornements gaufrés et décor de paysages et papillons.

161 — Boîte à poids, en bronze, du xviie siècle.

162 — Jolie miniature italienne sur vélin, représentant le sujet de la Circoncision ; xviie siècle.

163 — Plateau en porcelaine de Mayence.

164 — Plat en vieux Japon.

165 — Coupe en argent ciselé. Travail russe.

CHAMBRE A COUCHER

166 — Garniture de cheminée en bronze finement ciselé et doré au mat, et marbre bleu turquin. La pendule représente Vénus enchaînant l'Amour à l'aide de fes-

tons de fleurs, et les candélabres sont formés de vases ovoïdes en marbre bleu turquin, garnis de draperies et supportant sept branches porte-lumières à rinceaux. Ces pièces sortent des ateliers de **M. Denière.**

167 — Deux grands flambeaux de style Louis **XVI,** en bronze finement ciselé et doré au mat.

168 — Galerie de cheminée en bronze doré, ornée de deux figures d'amours debout.

169 — Beau lit en bois sculpté et doré, orné de colonnettes détachées, de rinceaux et de bouquets de fleurs. Il est garni en satin bleu clair capitonné et il est accompagné de son ciel en bois doré, de rideaux et de lambrequins en satin bleu clair et de grands rideaux et d'un fond de lit en tulle brodé.

170 — Quatre grands rideaux de croisées et deux portières en satin bleu clair, avec lambrequins de même étoffe et galeries dorées.

171 — Tenture de la chambre, tablette et rideaux de cheminée en satin bleu clair.

172 — Quatre rideaux de vitrage et quatre grands stores en tulle brodé.

173 — Couvre lit en soie blanche, richement brodé à fleurs en soies de couleurs. Travail chinois.

174 — Chaise longue ou lit de repos, en bois sculpté et doré, couvert en satin bleu clair.

175 — Deux grands fauteuils et deux chaises en bois sculpté et doré, couverts en satin bleu clair.

176 — Grande et belle psyché en bois sculpté et doré, de même style que le lit porté ci-dessus et garnie, de chaque côté de la glace biseautée, de trois branches porte-lumières à rinceaux, en bronze ciselé et doré au mat.

177 — Ecran de cheminée en bois sculpté et doré, garni d'une ancienne tapisserie de Beauvais, à sujet champêtre, dans le style de Boucher.

178 — Table oblongue à quatre pieds et entre-jambes en bois sculpté et doré et à dessus en satin bleu clair.

179 — Deux autres petites tables à un seul pied à colonne en bois sculpté et doré et à dessus en satin bleu clair.

180 — Meuble à hauteur d'appui reposant sur deux pieds à X reliés par un entre-jambes, en bois sculpté et doré, et à portes et côtés garnis de glaces biseautées. Le dessus est couvert en satin bleu clair.

181 — Grande glace de cheminée, taillée à biseaux et avec cadre en bois sculpté et doré de style Louis XVI, surmontée d'un groupe de deux amours.

182 — Glace en largeur de forme ovale à biseaux, dans un cadre carré en bois sculpté et doré, à ornements dans les angles repercés à jour.

183 — Deux petites consoles de suspension, en bois sculpté et doré, ornées de figurines d'enfants debout.

184 — Plafond peint : Amours sur des nuages. École française.

185 — Tapis en moquette, genre Smyrne, à rosaces.

GROUPES & FIGURINES

186 — Beau groupe de quatre figures d'enfants en ancienne porcelaine de Saxe. Sujet de bacchanale.

187 — Joli groupe en ancienne porcelaine de Saxe : la bonne ménagère.

188 — Quatre figurines en vieux Saxe : musiciens. Ce lot sera divisé.

189 — Groupe en porcelaine de Saxe : l'enlèvement d'Europe.

190 — Deux figurines de Chinois musiciens, en porcelaine de Saxe.

191 — Autre figurine en vieux Saxe : enfant bacchant assis sur un socle carré.

192 — Figurine en vieux Saxe : jeune jardinière tenant un panier de fleurs.

193 — Deux figurines de jeunes filles en ancienne porcelaine de Berlin.

194 — Très-petite figurine de Muse en vieux Saxe, sur socle carré.

195 — Deux jolis petits groupes en porcelaine de Saxe : enfant à la cage, et enfant bacchant couché sur une panthère.

196 — Deux très-petites figurines de même porcelaine : paysanne, et paysanne dansant.

197 — Autre jolie figurine en vieux Saxe : bergère.

198 — Petite statuette : joueur de flûte.

199 — Groupe de trois figures d'enfants nus en porcelaine de Saxe.

200 — Jolie statuette en vieux Saxe : le montreur de lanterne magique.

201 — Autre statuette en vieux Saxe : jeune bergère dansant.

202 — Petit chien faisant le beau, assis sur un tabouret dont les pieds sont ornés de têtes de femmes. Groupe en porcelaine de Saxe, daté de 1749.

203 — Trois figurines d'amours dans diverses attitudes.

204 — Figurine d'enfant monté sur une petite barque, en ancienne porcelaine de Nimphenburg.

205 — Figurine de génie debout pinçant de la lyre, en vieux Saxe.

206 — Deux figurines en porcelaine de Saxe : jeune garçon mangeant du raisin et jeune fille portant des fruits.

207 — Figurine en porcelaine d'Allemagne : jeune femme portant un sac.

208 — Petit aigle en ancienne porcelaine de Saxe.

209 — Jolie pièce de surtout en vieux Saxe, composée d'une corbeille ovale, reposant sur un palmier autour duquel sont deux figures de berger et de bergère.

PORCELAINES DE SAXE & AUTRES

210 — Vase à deux anses et à couvercle sur plateau rond,
en ancienne porcelaine de Saxe, décoré de médaillons
à sujets de style chinois, et d'ornements et de fleurs en
couleurs et or. Marque A. R.

211 — Deux petits vases modèle cornet, à panse renflée,
en ancienne porcelaine de Saxe, décorés de fleurs.
Monture rocaille en bronze doré.

212 — Deux vases ovoïdes à anses têtes égyptiennes et
couvercles découpés à jour, en porcelaine de Saxe, décorés de petits médaillons de personnages et à festons
de feuillages en relief.

213 — Deux assiettes en ancienne porcelaine de Chine, à
décor d'ornements et armoiries en grisaille rehaussés
d'or.

214 — Belle écuelle à deux anses avec couvercle et plateau,
en ancienne porcelaine de Sèvres, pâte tendre, décorée
de coquilles rosées, de festons de lauriers et de quadril-
lages d'or sur fond gros bleu. Époque Louis XV.

215 — Douze tasses en porcelaine de Saxe, avec leurs
cuillers. Dans un écrin.

216 — Deux assiettes en vieux Sèvres, pâte tendre, bord
gaufré, et décorées de fleurs.

217 — Belle tasse droite avec soucoupe en vieux Sèvres,
pâte tendre, fond gros bleu et riche décor d'or. La tasse
offre le buste de Franklin finement peint en grisaille, et
les soucoupes un groupe d'attributs divers, l'écusson de
France et l'inscription suivante : *Traité d'alliance
entre la France et l'Amérique.*

218 — Deux assiettes en vieux Saxe, à décors variés.

219 — Deux tasses forme basse avec soucoupes, en vieux
Saxe, à côtes, bords gaufrés et décor d'oiseaux.

220 — Tasse et soucoupe en ancienne porcelaine d'Amstel,
décorées de groupes d'amours en camaïeu carmin.

221 — Grande cafetière en vieux Saxe, à médaillons marines
et décor d'ornements.

222 — Tasse en porcelaine de La Haye à fond rose.

223 — Petit vase en vieux Saxe, sur socle en bois noir.

224 — Cafetière plus petite et de qualité moins ancienne.

225 — Assiette en vieux Chine, à décor d'ornements,
fleurs et armoiries émaillés en couleurs.

226 — Boîte à thé, de forme carrée, en vieux Saxe, décorée
de médaillons de paysages.

227 — Joli gobelet en vieux Saxe à médaillons, sujets chinois
encadrés d'ornements rehaussés d'or.

228 — Deux pièces en vieux Sèvre pâte tendre, décorées de
filets bleus et de fleurs : petite tasse avec soucoupe, et
moutardier.

229 — Encrier et plateau en porcelaine de Frankenthal à
bords gaufrés et médaillons de paysages.

230 — Fond de sac à bonbons en ancienne porcelaine de
Saxe à ornements découpés à jour et petits médaillons
de personnages très-finement peints.

231 — Sucrier de forme oblongue à pans, en vieux Saxe,
décoré de sujets marins.

232 — Petit vase en forme de balustre à couvercle, en
ancienne porcelaine de Saxe, à décor de style chinois
rehaussé d'or, et monté en argent doré.

233 — Tasse à couvercle et soucoupe en porcelaine de Saxe
fond gros bleu et médaillons de paysages encadrés d'or.

234 — Ecuelle avec couvercle et plateau en porcelaine de
Saxe, décorée de frises de paysages et d'ornements
dorés.

235 — Tasse forme droite avec soucoupe en vieux Sèvres
pâte tendre, décorée de petits médaillons de paysages
encadrés et séparés par des ornements et des rosaces
dorées.

236 — Diverses tasses et soucoupes en porcelaine mince
de la Chine à décors variés, émaillés en couleurs.

237 — Petit flacon en porcelaine.

OBJETS VARIÉS

238 — Tabatière oblongue en or guilloché et gravé.

239 — Boîte ronde en ancienne porcelaine d'Allemagne,
décorée de sujets de chasse au cerf.

240 — Etui à flacons en nacre gravée à fleurs et argentée.
Époque Louis XV.

241 — Châtelaine en or de couleurs ciselé, enrichie
de sujets champêtres et attributs finement peints sur
émail. Epoque Louis XVI.

242 — Boîte ronde en vernis de Martin. Le dessus représente l'Amour tabellion unissant deux époux.

243 — Miniature ovale sur ivoire : portrait de femme en
costume du temps de Louis XVI. Elle est montée dans
un médaillon en or.

244 — Deux cuvettes de montres l'une d'elles, émaillée sur or, représente le sujet de la Charité romaine.

245 — Verre d'eau en cristal monté en argent.

246 — Autre verre d'eau en argent.

247 — Montre émaillée. Époque Louis XV.

248 — Éventails anciens.

249 — Peigne Louis XVI en or et perles fines.

DENTELLES

250 — Volant de Chantilly.

251 — Robe de Chantilly.

252 — Dentelle, point de Venise.

253 — Magnifique robe de Bruges d'un seul morceau.

254 — Très-beau volant de Bruges.

CABINET DE TOILETTE

255 — Garniture de cheminée en bronze doré et parties émaillées. Elle se compose d'une pendule carrée à clocheton et galeries de style gothique, et de deux candélalabres à trois lumières.

256 — Deux flambeaux de mêmes style et travail.

257 — Dessus de cheminée en bois noir et étoffe, garni de rideaux en étoffe de style oriental, à fond blanc.

258 — Galerie de cheminée en bronze, avec pelle et pincettes.

259 — Grande armoire à glace en bois noir sculpté à ornements, garnie de bronze et de colonnettes aux angles. Les colonnettes sont garnies de bras porte-lumières à trois branches.

260 — Grande toilette de même travail à dessus de marbre blanc et surmontée d'une glace à biseaux avec cadre, de même style que l'armoire qui précède.

261 — Petite toilette en bois noir sur pieds et à entre-jambes en bois tourné et cannelé ; les tiroirs sont garnis de moulures en cuivre poli.

262 — Grand divan en bois noir garni de bronzes et couvert en étoffe de style oriental à fond blanc.

263 — Tenture de la pièce, de même étoffe que le meuble qui précède.

264 — Deux rideaux de croisées et une portière de même étoffe.

265 — Fauteuil couvert en étoffe pareille.

266 — Deux chaises en bois noir et même étoffe.

267 — Paire de rideaux de vitrage et un grand store en mousseline brodée.

268 — Petite pendule de voyage à réveil, avec son socle.

269 — Porte-manteau en bois noir et doré.

270 — Tapis à fond blanc et à palmes.

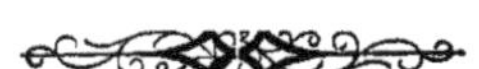

9 782329 534954